Impressum
Verlag: BABADADA GmbH, Nedderfeld 112 , 22529 Hamburg
Geschäftsführer / Verlagsleitung: Harald Hof
Druck: Books on Demand GmbH, In de Tarpen 42, 22848 Norderstedt

Imprint
Publisher: BABADADA GmbH, Nedderfeld 112 , 22529 Hamburg, Germany
Managing Director / Publishing direction: Harald Hof
Print: Books on Demand GmbH, In de Tarpen 42, 22848 Norderstedt, Germany

școală
skola

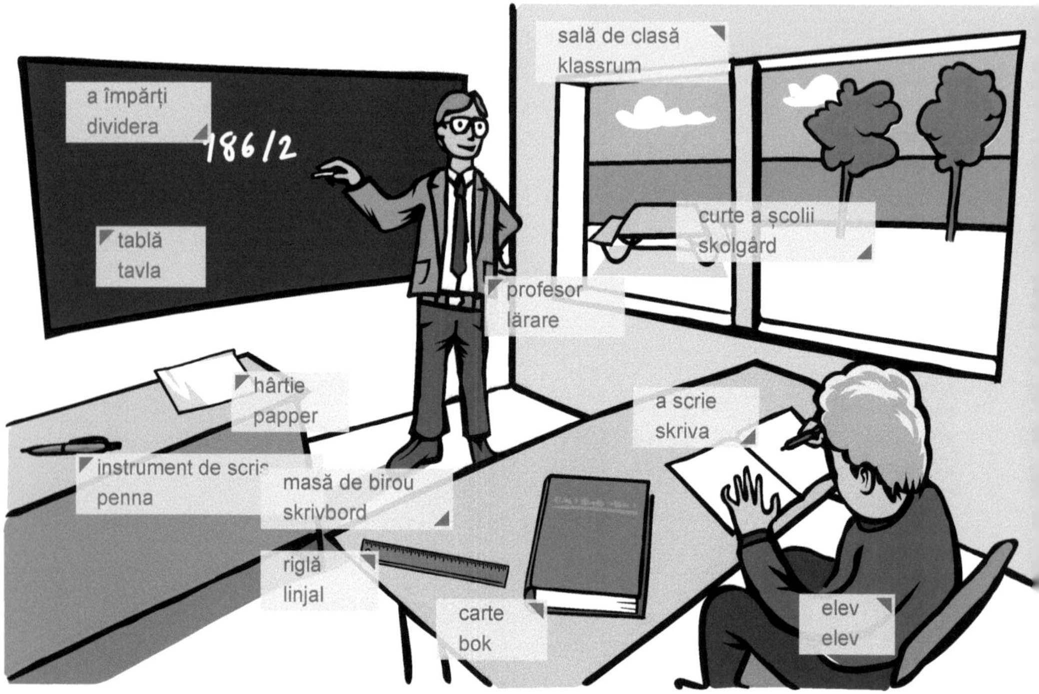

a împărți
dividera
186/2
tablă
tavla
sală de clasă
klassrum
curte a școlii
skolgård
profesor
lärare
hârtie
papper
a scrie
skriva
instrument de scris
penna
masă de birou
skrivbord
riglă
linjal
carte
bok
elev
elev

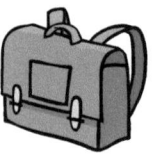

ghiozdan

skolväska

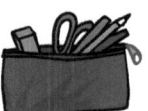

penar

pennfodral

creion

blyertspenna

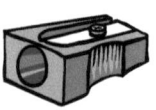

ascuțitoare

pennvässare

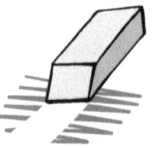

radieră

suddgummi

bloc de desen

ritblock

desen
teckning

pensulă
pensel

cutie de acuarele
målarlåda

foarfece
sax

lipici
lim

caiet de exerciții
övningsbok

temă
hemläxa

număr
tal

2+2

a aduna
addera

a scădea
subtrahera

a multiplica
multiplicera

a calcula
räkna

A

literă
bokstav

ABCDEFG
HIJKLMN
OPQRSTU
VWXYZ

alfabet
alfabet

cuvânt
ord

text

text

a citi

läsa

cretă

krita

oră

lektion

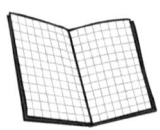

catalog

register

examen

prov

certificat

intyg

uniformă școlară

skoluniform

educație

utbildning

enciclopedie

uppslagsverk

universitate

universitet

microscop

mikroskop

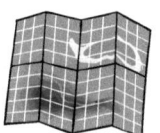

hartă

karta

coș de gunoi

papperskorg

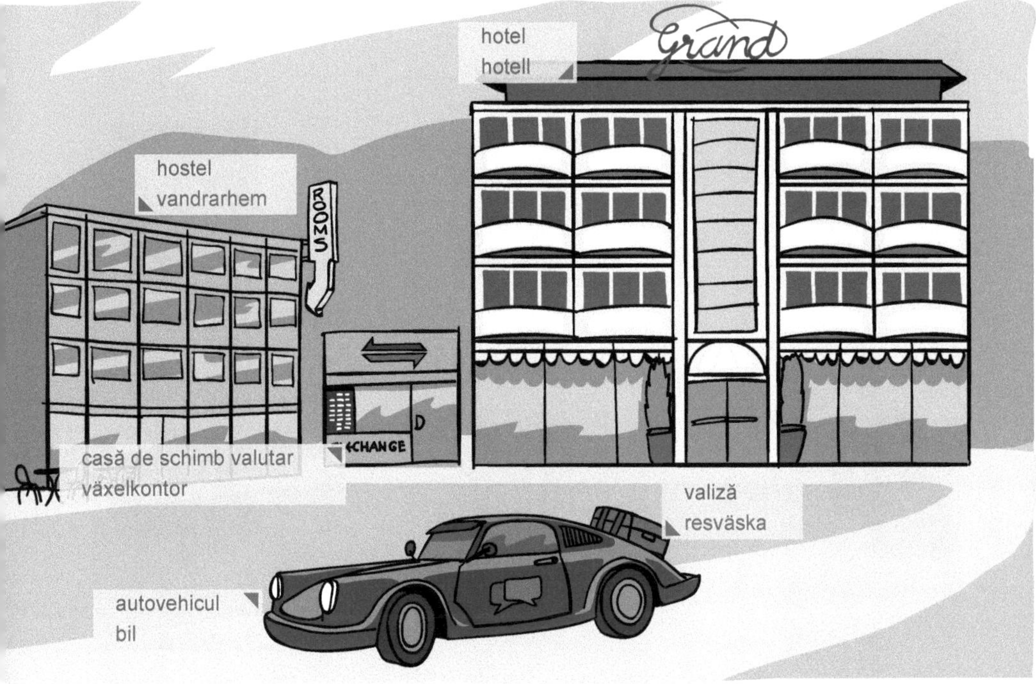

hotel
hotell
Grand
hostel
vandrarhem
ROOMS
EXCHANGE
casă de schimb valutar
växelkontor
valiză
resväska
autovehicul
bil

limbă

språk

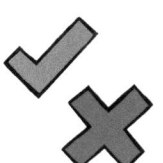

da/nu

ja / nej

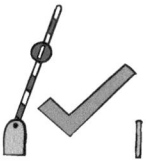

okay

Okay

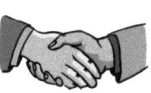

Bună!

hej

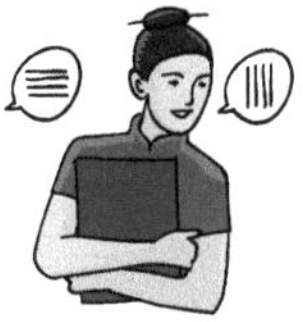

interpret

översättare

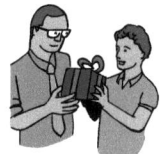

mulțumesc

Tack

Cât costă...?

hur mycket kostar...?

Nu înțeleg

jag förstår inte

problemă

problem

Bună seara!

God kväll!

Bună dimineața!

God morgon!

Noapte bună!

God natt!

la revedere

hejdå

direcție

riktning

bagaj

bagage

geantă

väska

rucsac

ryggsäck

oaspete

gäst

cameră

rum

sac de dormit

sovsäck

cort

tält

punct de informare turistică

turistinformation

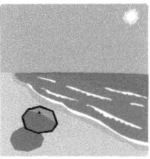

plajă

strand

carte de credit

kreditkort

mic dejun

frukost

masa de prânz

lunch

cină

middag

bilet de călătorie

biljett

lift

hiss

timbru poștal

frimärke

graniță

gräns

vamă

tull

ambasadă

ambassad

viză

visum

pașaport

pass

transport
transport

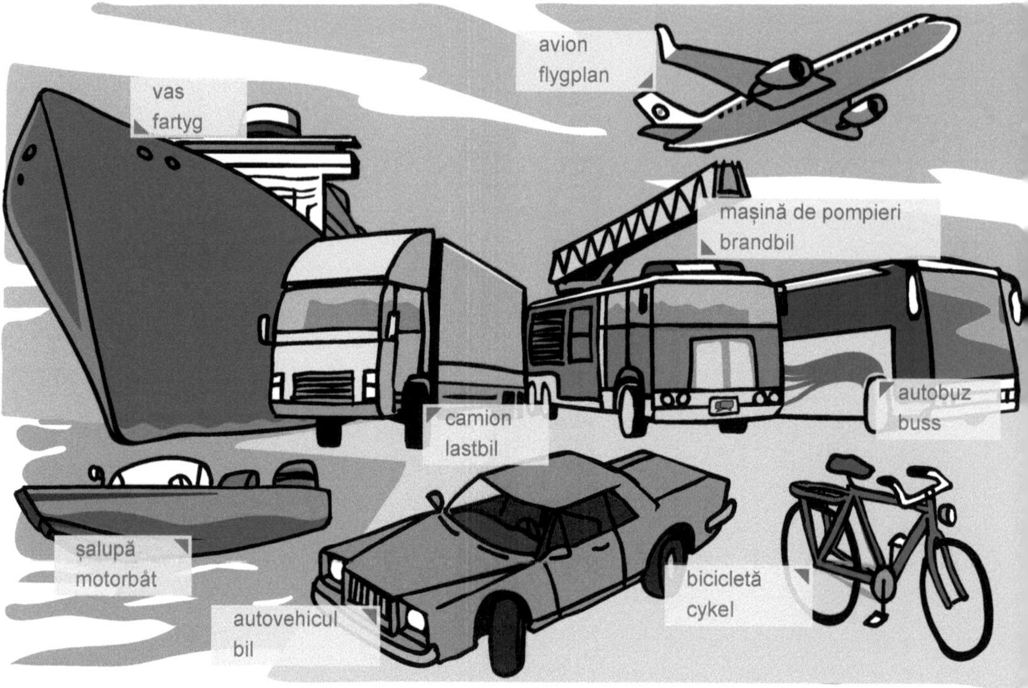
avion
flygplan
vas
fartyg
mașină de pompieri
brandbil
autobuz
buss
camion
lastbil
șalupă
motorbåt
bicicletă
cykel
autovehicul
bil

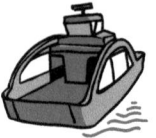

feribot

färja

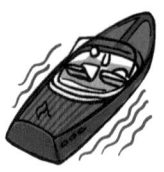

barcă

båt

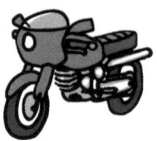

motocicletă

motorcykel

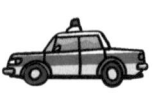

mașină de poliție

polisbil

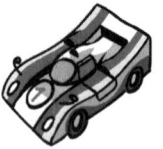

mașină de curse

racerbil

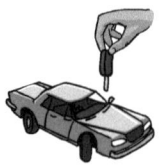

mașină închiriată

hyrbil

car sharing

bilpool

mașină de tractat

bärgningsbil

mașină de gunoi

sopbil

motor

motor

combustibil

bränsle

benzinărie

bensinstation

semn de circulație

vägmärke

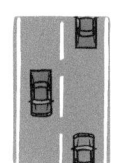

trafic

trafik

ambuteiaj

bilkö

parcare

parkeringsplats

gară

tågstation

șine

räls

tren

tåg

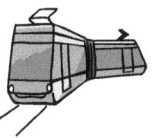

tramvai

spårvagn

vagon

vagn

elicopter

helikopter

aeroport

flygplats

turn

torn

pasager

passagerare

container

container

carton

kartong

căruţă

vagn

coş

korg

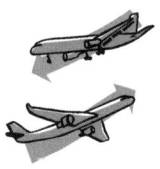

a decola/a ateriza

starta / landa

oraș
stad

sat

by

centru

centrum

casă

hus

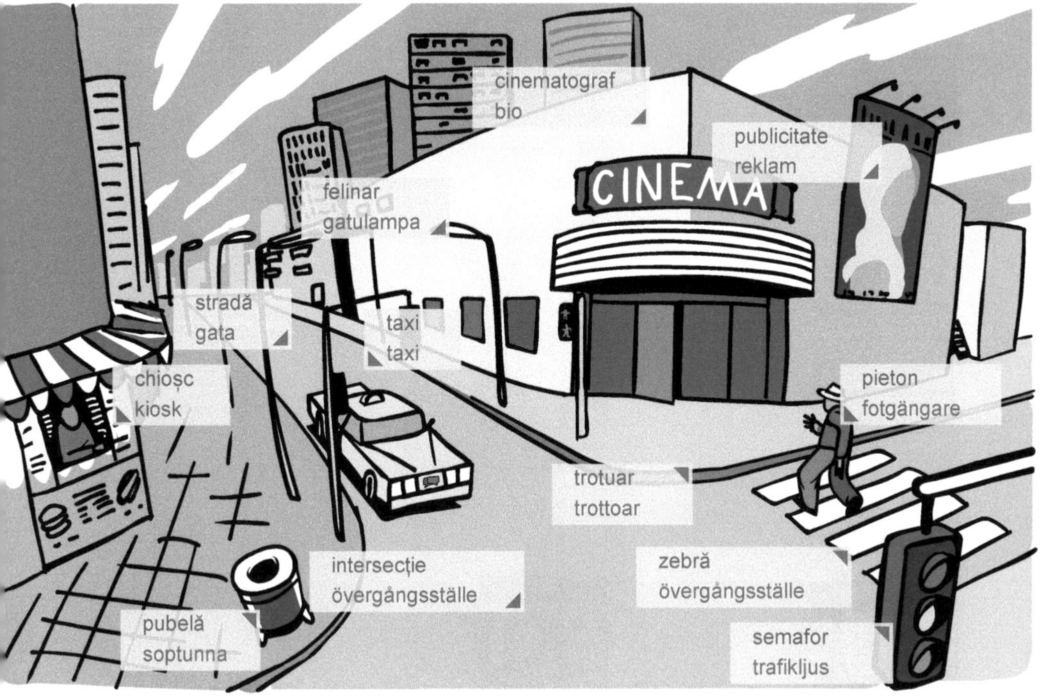

cinematograf
bio

publicitate
reklam

felinar
gatulampa

CINEMA

stradă
gata

taxi
taxi

chioşc
kiosk

pieton
fotgängare

trotuar
trottoar

intersecţie
övergångsställe

zebră
övergångsställe

pubelă
soptunna

semafor
trafikljus

cabană
·················
stuga

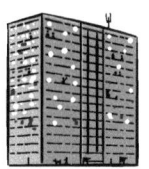

apartament
·················
lägenhet

gară
·················
tågstation

primărie
·················
stadshus

muzeu
·················
museum

şcoală
·················
skola

universitate

universitet

bancă

bank

spital

sjukhus

hotel

hotell

farmacie

apotek

birou

kontor

librărie

bokhandel

magazin

affär

florărie

blomsterbutik

supermarket

stormarknad

piață

marknad

magazin universal

varuhus

comerciant de pește

fiskhandlare

centru comercial

köpcentrum

port

hamn

parc

park

bancă

bänk

pod

brygga

trepte

trappa

metrou

tunnelbana

tunel

tunnel

stație de autobuz

busshållplats

bar

bar

restaurant

restaurang

cutie poștală

brevlåda

tăbliță indicatoare cu
numele străzii

gatuskylt

parcometru

parkeringsautomat

grădină zoologică

zoo

piscină

simbassäng

moschee

moské

gospodărie țărănească
bondgård

poluare
fororening

cimitir
kyrkogård

biserică
kyrka

loc de joacă
lekplats

templu
tempel

peisaj
landskap

frunză
löv

indicator
vägskylt

drum
väg

pajiște
äng

piatră
sten

drumeț
liftare

copac
träd

râu
flod

iarbă
gräs

floare
blomma

vale
dal

deal
kulle

lac
sjö

pădure
skog

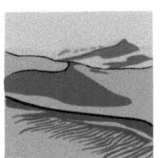

deșert
öken

vulcan
vulkan

castel
slott

curcubeu
regnbåge

ciupercă
svamp

palmier
palm

țânțar
mygga

muscă
fluga

furnică
myra

albină
bi

păianjen
spindel

gândac

skalbagge

broască

groda

veveriță

ekorre

arici

igelkott

iepure

hare

bufniță

uggla

pasăre

fågel

lebădă

svan

porc mistreț

vildsvin

cerb

rådjur

elan

älg

dig

damm

turbină eoliană

vindkraftverk

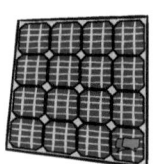

panou solar

solcellspanel

climă

klimat

restaurant
restaurang

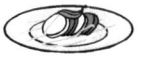

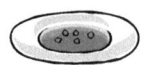

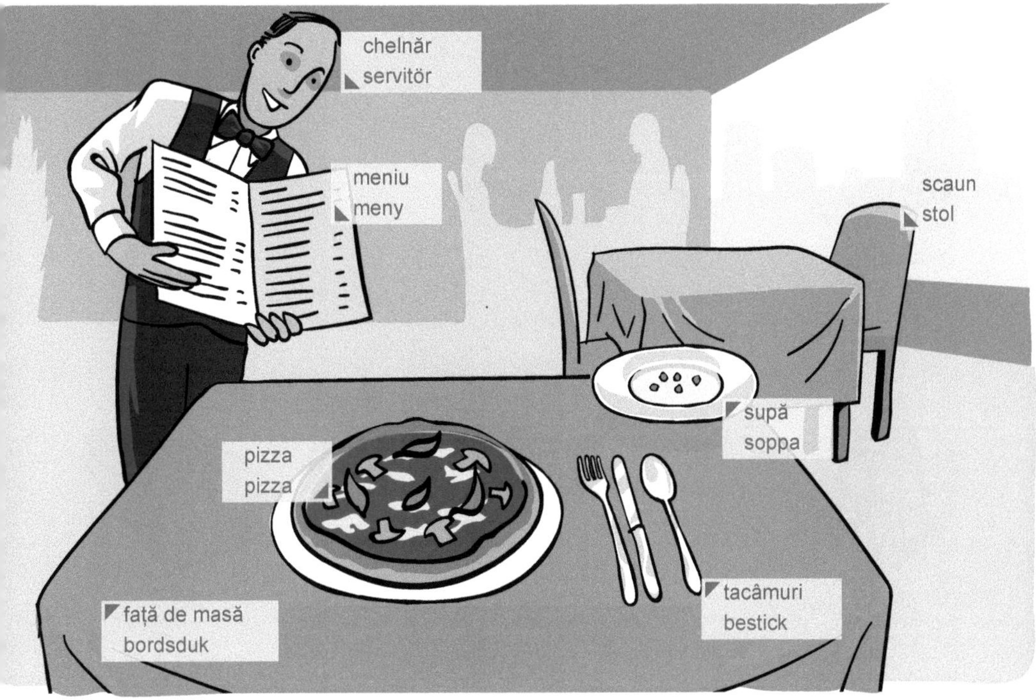
chelnăr
servitör
meniu
meny
scaun
stol
supă
soppa
pizza
pizza
tacâmuri
bestick
față de masă
bordsduk

antreu

förrätt

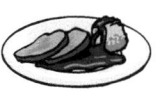

fel principal

huvudrätt

desert

dessert

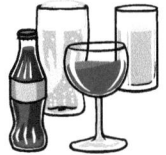

băuturi

drycker

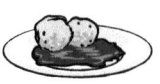

mâncare

mat

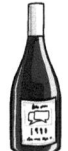

sticlă

flaska

fastfood

snabbmat

streetfood

street food

ceainic

tekanna

zaharniță

sockerskål

porție

portion

espressor

espressomaskin

scaun înalt (pentru copii)

barnstol

factură

räkning

tavă

bricka

cuțit

kniv

furculiță

gaffel

lingură

sked

linguriță

tesked

șervețel

servett

pahar

glas

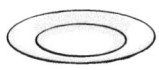

farfurie

tallrik

farfurie de supă

sopptallrik

farfurie

tefat

sos

sås

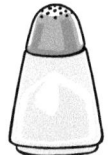

solniță

saltkar

râșniță de piper

pepparkvarn

oțet

vinäger

ulei

olja

condimente

kryddor

ketchup

ketchup

muștar

senap

maioneză

majonnäs

supermarket
stormarknad

ofertă
specialerbjudande
client
kund
produse lactate
mejeriprodukter
FOR
fructe
frukt
cărucior de cumpărături
varukorg

BUTCHERS

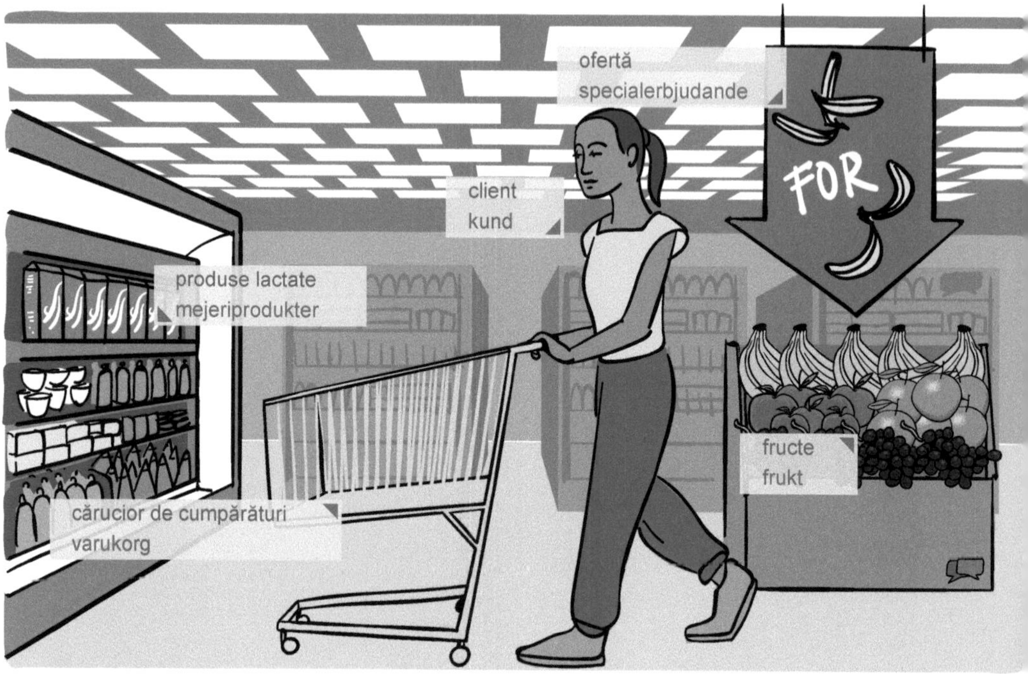

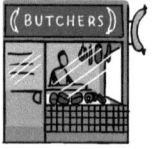

măcelărie

charkuteri

BAKERY

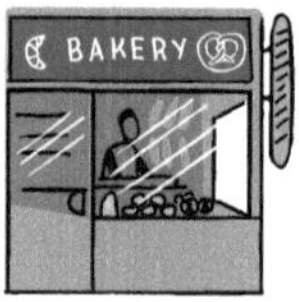

brutărie

bageri

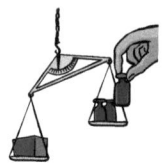

a cântări

väga

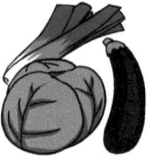

legume

grönsaker

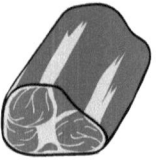

carne

kött

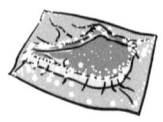

alimente refrigerate

frysta livsmedel

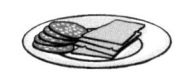

mezeluri și brânzeturi feliate

....

pålägg

conserve

....

konserver

detergent

....

tvättmedel

dulciuri

....

godis

articole de menaj

....

hushållsprodukter

produse de curățenie

....

rengöringsmedel

vânzătoare

....

försäljare

casă

....

kassa

casier

....

kassör

listă de cumpărături

....

inköpslista

orar

....

öppettider

portmoneu

....

plånbok

carte de credit

....

kreditkort

geantă

....

väska

pungă de plastic

....

plastpåse

apă

vatten

suc

juice

lapte

mjölk

cola

cola

vin

vin

bere

öl

alcool

alkohol

cacao

kakao

ceai

te

cafea

kaffe

espresso

espresso

cappucino

cappuccino

banane

banan

măr

äpple

portocală

apelsin

pepene

melon

lămâie

citron

morcov

morot

usturoi

vitlök

bambus

bambu

ceapă

lök

ciupercă

svamp

nuci

nötter

paste făinoase

nudlar

spagheti

spaghetti

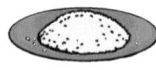

orez

ris

salată

sallad

cartofi prăjiți

pommes frites

cartofi țărănești

stekt potatis

pizza

pizza

hamburger

hamburgare

sandwich

smörgås

șnițel

schnitzel

șuncă

skinka

salam

salami

cârnați

korv

pui

kyckling

friptură

stek

pește

fisk

fulgi de ovăz

havregryn

musli

müsli

cereale

cornflakes

făină

mjöl

corn

croissant

chifle

fralla

pâine

bröd

pâine prăjită

rostat bröd

biscuiți

kex

unt

smör

brânză de vaci

kvarg

prăjitură

kaka

ou

ägg

ouă ochiuri

stekt ägg

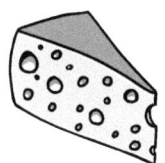

brânză

ost

îngheţată
glass

zahăr
socker

miere
honung

marmeladă
sylt

cremă nuga
nougatkräm

curry
curry

gospodărie ţărănească
bondgård

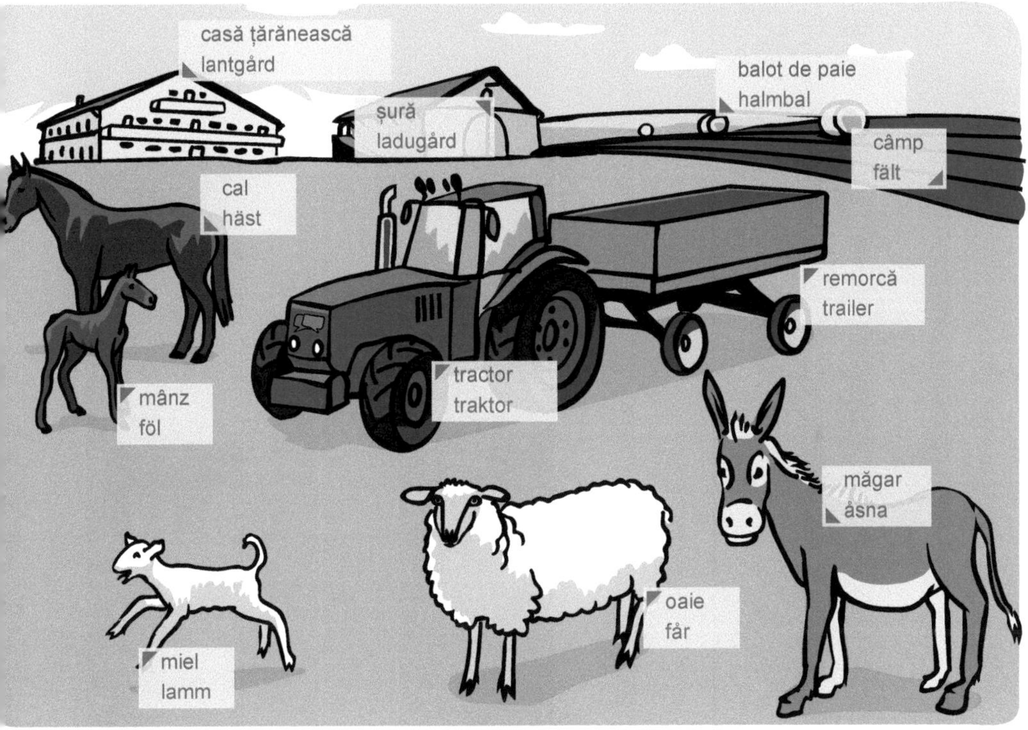
casă ţărănească
lantgård
şură
ladugård
balot de paie
halmbal
câmp
fält
cal
häst
remorcă
trailer
tractor
traktor
mânz
föl
măgar
åsna
oaie
får
miel
lamm

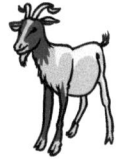

capră

get

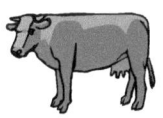

vacă

ko

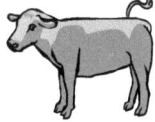

viţel

kalv

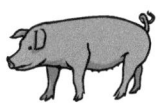

porc

gris

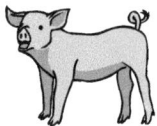

purcel

griskulting

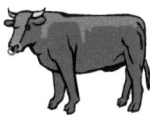

taur

tjur

găină

gås

rață

anka

pui

kyckling

găină

höna

cocoș

tupp

șobolan

råtta

pisică

katt

șoarece

mus

bou

oxe

câine

hund

cușcă

hundkoja

furtun de grădină

trädgårdsslang

stropitoare

vattenkanna

coasă

lie

plug

plog

seceră

skära

sapă

hacka

furcă

högaffel

secure

yxa

roabă

skottkärra

troacă

tråg

cană pentru lapte

mjölkflaska

sac

säck

gard

staket

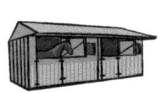

grajd

stall

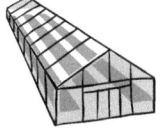

seră

växthus

sol

jord

sămânță

säd

fertilizator

gödsel

combină de treierat

skördetröska

a culege

skörda

recoltă

skörd

cartof yam

jams

grâu

vete

soia

soja

cartof

potatis

porumb

majs

rapiță

raps

pom fructifer

fruktträd

manioc

maniok

cereale

spannmål

casă
hus

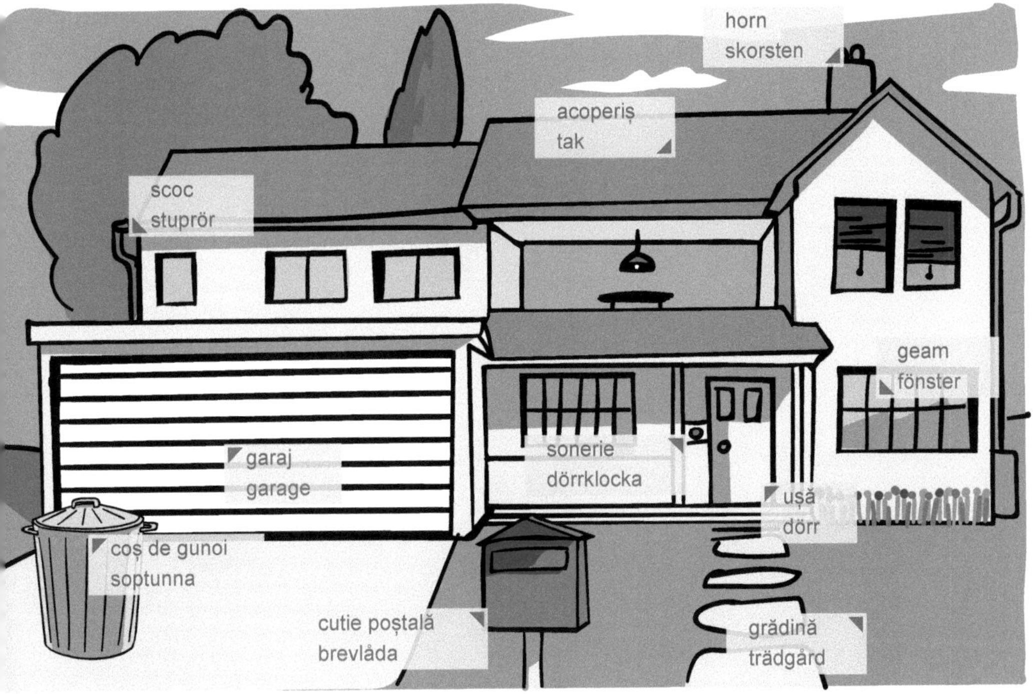
horn
skorsten
acoperiș
tak
scoc
stuprör
geam
fönster
garaj
garage
sonerie
dörrklocka
ușă
dörr
coș de gunoi
soptunna
cutie poștală
brevlåda
grădină
trädgård

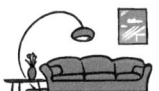

cameră de zi
....
vardagsrum

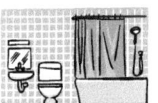

baie
....
badrum

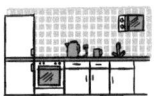

bucătărie
....
kök

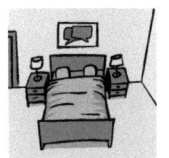

dormitor
....
sovrum

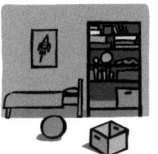

camera copiilor
....
barnrum

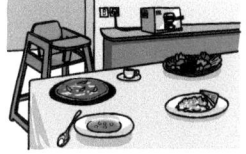

sufragerie
....
matsal

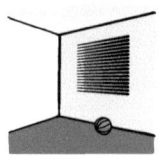

podea

golv

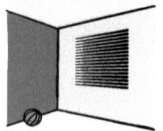

perete

vägg

tavan

tak

pivniță

källare

saună

bastu

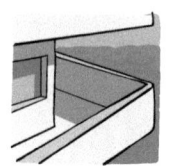

balcon

balkong

terasă

terrass

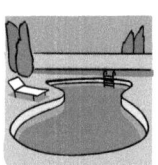

piscină

bassäng

mașină de tuns iarba

gräsklippare

cearșaf

lakan

cuvertură

överkast

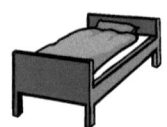

pat

säng

mătură

kvast

găleată

hink

întrerupător

strömbrytare

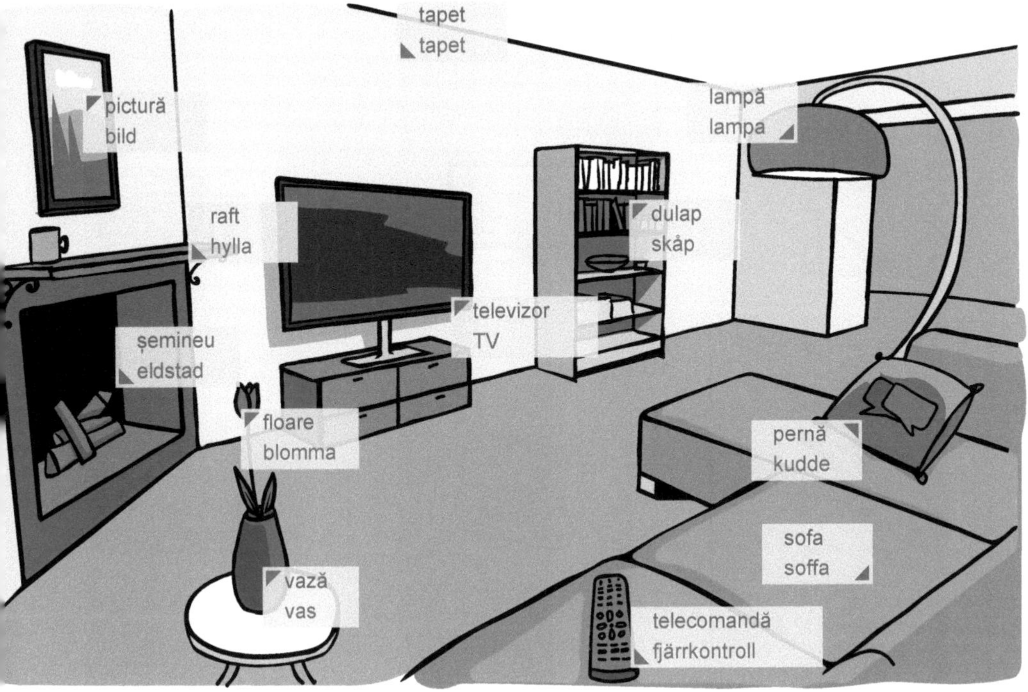

tapet
tapet

pictură
bild

lampă
lampa

raft
hylla

dulap
skåp

șemineu
eldstad

televizor
TV

floare
blomma

pernă
kudde

sofa
soffa

vază
vas

telecomandă
fjärrkontroll

covor
....
matta

perdea
....
gardin

masă
....
bord

scaun
....
stol

balansoar
....
gungstol

fotoliu
....
fåtölj

carte
bok

pătură
filt

decoraţiune
dekoration

lemn de foc
vedträ

film
film

instalaţie stereo
stereoanläggning

cheie
nyckel

ziar
dagstidning

desen
målning

poster
poster

radio
radio

caiet de notiţe
anteckningsbok

aspirator
dammsugare

cactus
kaktus

lumânare
stearinljus

bucătărie
kök

frigider
kylskåp
cuptor cu microunde
mikrovågsugn
cântar de bucătărie
köksvåg
prăjitor de pâine
brödrost
detergent
rengöringsmedel
cuptor
ugn
răcitor
frys
coș de gunoi
soptunna
mașină de spălat vase
diskmaskin

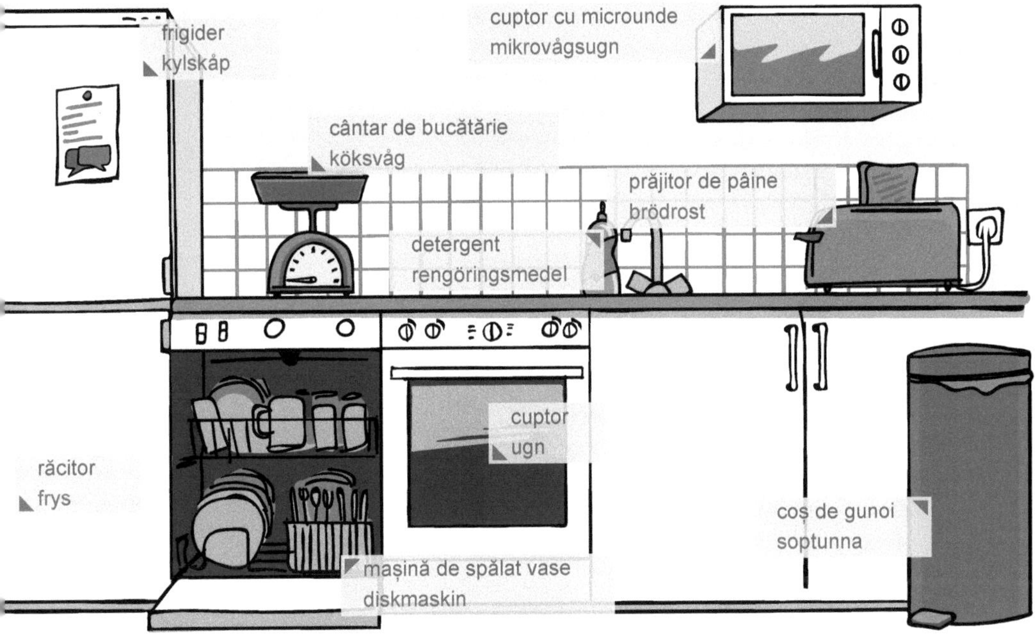

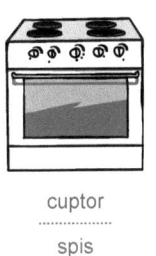

cuptor
....
spis

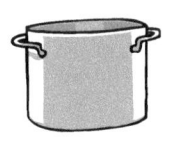

oală
....
kastrull

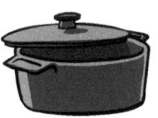

oală de metal
....
järngryta

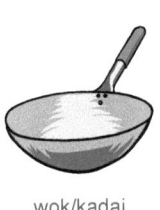

wok/kadai
....
wok / kadai

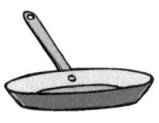

tigaie
....
stekpanna

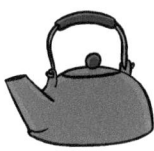

ceainic
....
vattenkokare

oală de gătit cu aburi

ångkokare

tavă de copt

bakplåt

veselă

porslin

pahar

mugg

bol

skål

bețișoare

ätpinnar

polonic

soppslev

spatulă

stekspade

tel

visp

sită

durkslag

sită

sil

răzătoare

rivjärn

mojar

mortel

grătar

grill

loc pentru grătar

brasa

tocător

skärbräda

sucitor

kavel

tirbușon

korkskruv

conservă

burk

deschizător de conserve

burköppnare

șervete termice

grytlapp

chiuvetă

vask

perie

borste

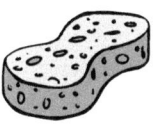

burete

svamp

mixer

mixer

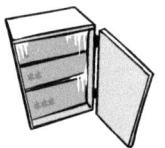

ladă frigorifică

frys

biberon

nappflaska

robinet

kran

baie
badrum

încălzire
värme
duș
dusch
prosop
handduk
perdea de duș
duschdraperi
baie cu spumă
bubbelbad
cadă
badkar
pahar
glas
mașină de spălat
tvättmaskin
robinet
kran
gresie
kakel
oală de noapte
potta
chiuvetă
vask

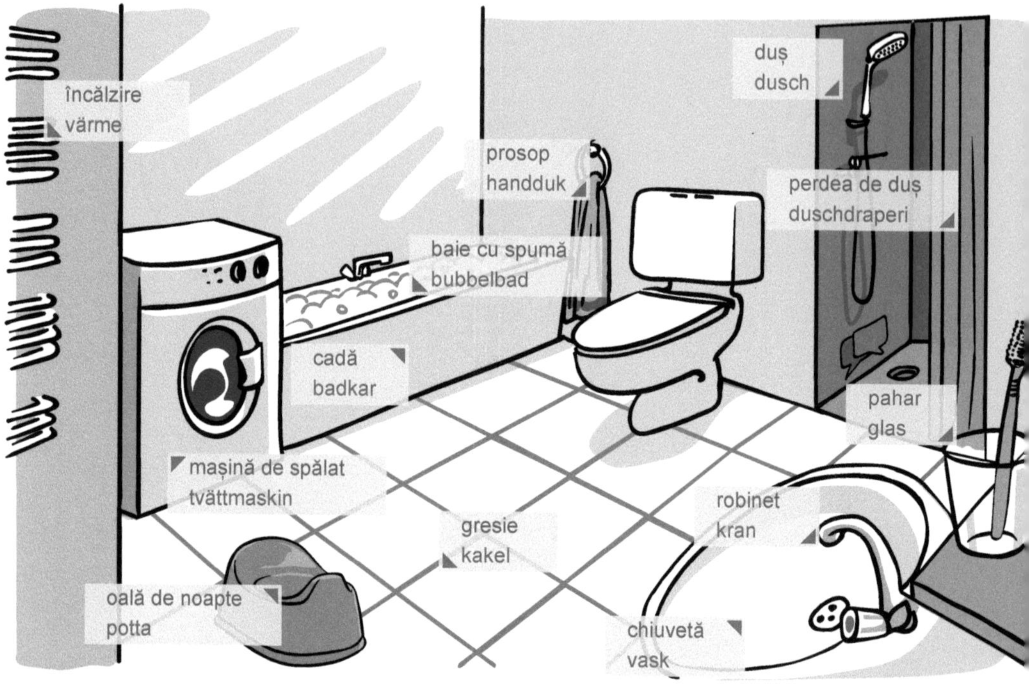

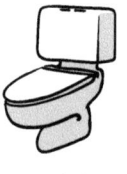

toaletă
toalett

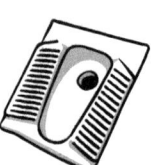

toaletă turcescă
låg toalett

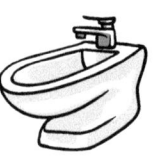

bideu
bidet

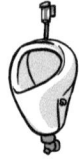

pisoir
pissoar

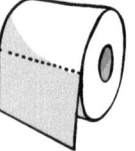

hârtie igienică
toalettpapper

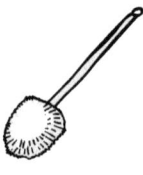

perie de toaletă
toalettborste

periuță de dinți

tandborste

pastă de dinți

tandkräm

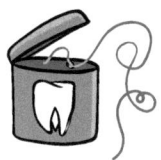

ață dentară

tandtråd

a spăla

tvätta

cap de duș

handdusch

duș intim

intimdusch

lavoar

handfat

perie pentru spate

ryggborste

săpun

tvål

gel de duș

duschgel

șampon

schampo

cârpă de spălat

trasa

scurgere

avlopp

cremă

crème

deodorant

deodorant

oglindă
spegel

oglindă cosmetică
handspegel

aparat de ras
rakhyvel

spumă de ras
raklödder

aftershave
rakvatten

pieptene
kam

perie
borste

uscător de păr
hårtork

fixator
hårspray

machiaj
smink

ruj
läppstift

lac de unghii
nagellack

vată
bomullsvadd

foarfece de unghii
nagelsax

parfum
parfym

neseser

necessär

taburet

pall

cântar

våg

halat de baie

badrock

mănuși de cauciuc

gummihandskar

tampon

tampong

tampon

binda

toaletă chimică

kemisk toalett

camera copiilor
barnrum

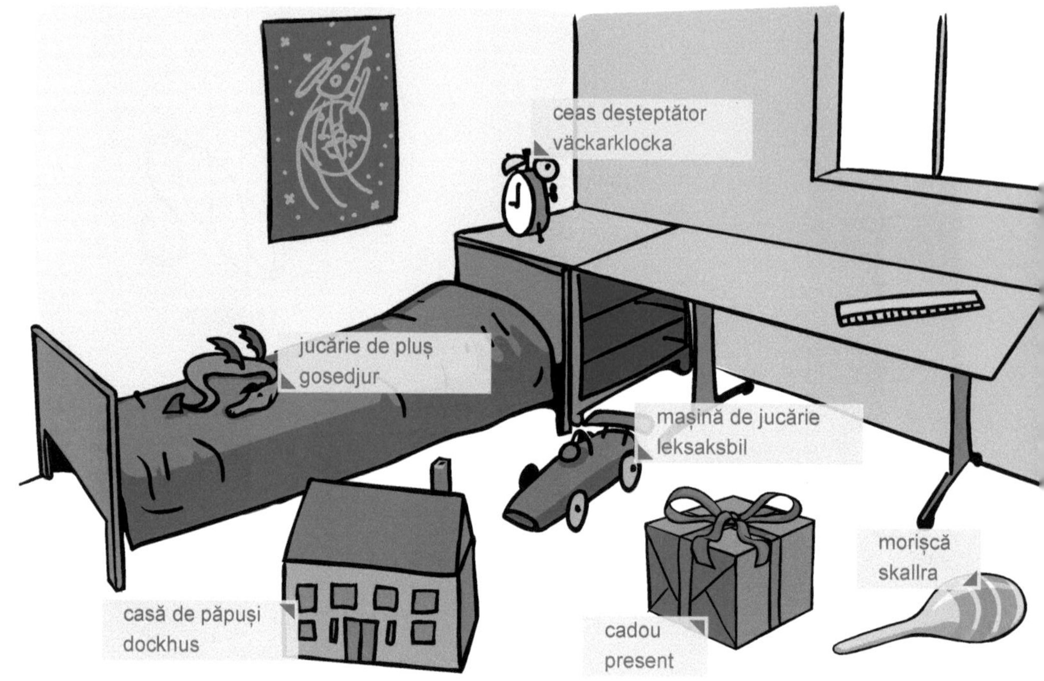

ceas deșteptător
väckarklocka
jucărie de pluș
gosedjur
mașină de jucărie
leksaksbil
morișcă
skallra
casă de păpuși
dockhus
cadou
present

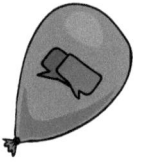

balon
....
ballong

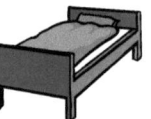

pat
....
säng

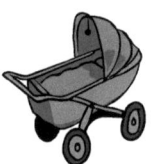

cărucior de copii
....
barnvagn

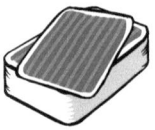

joc de cărți
....
kortlek

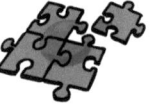

puzzle
....
pussel

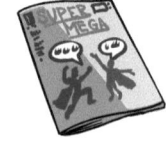

revistă de benzi desenate
....
serietidning

cuburi lego

legobitar

piese pentru construcții

klossar

personaj din filmele de acțiune

actionfigur

body

sparkdräkt

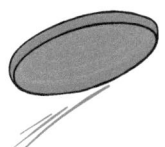

frisbee

frisbee

mobil

mobil

joc de societate

brädspel

zar

tärning

set trenuleț de jucărie

modelljärnväg

suzetă

napp

petrecere

party

carte cu poze

bilderbok

minge

boll

păpușă

docka

a se juca

spela

groapă de nisip

sandlåda

leagăn

gunga

jucării

leksaker

consolă video

spelkonsol

tricicletă

trehjuling

ursuleț

nalle

dulap

garderob

îmbrăcăminte
kläder

șosete

sockar

ciorapi

strumpor

dres

tights

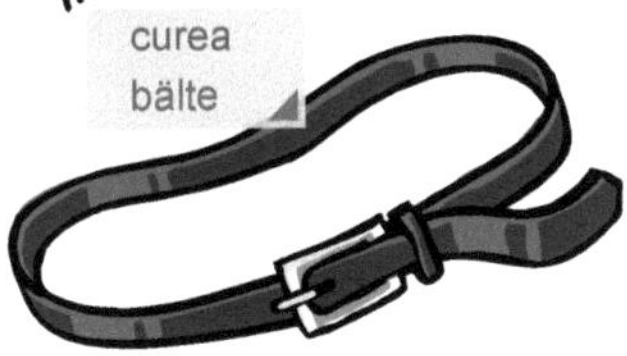

şal
halsduk

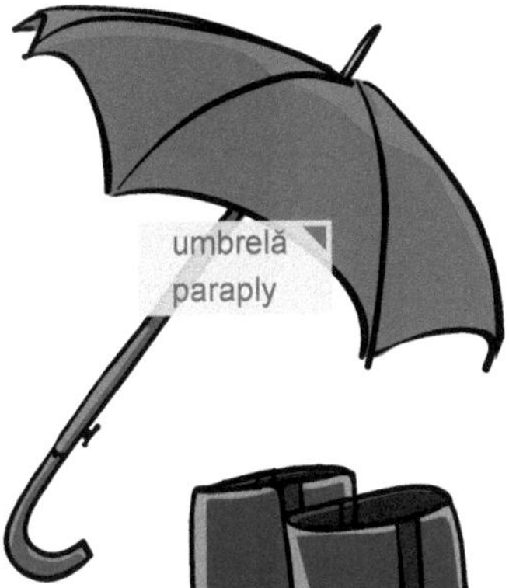

umbrelă
paraply

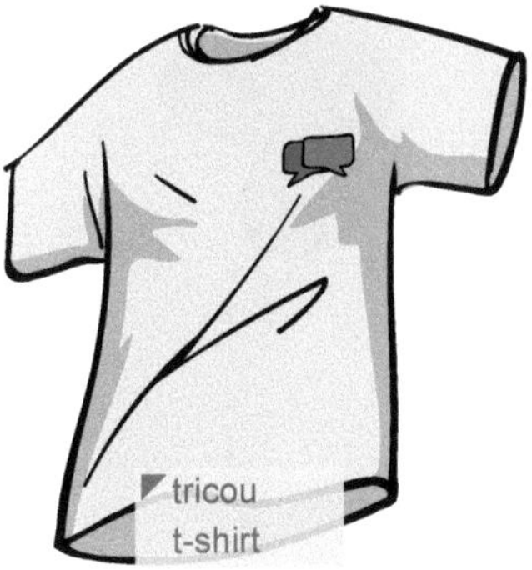

curea
bälte

tricou
t-shirt

pantofi sport
sneakers

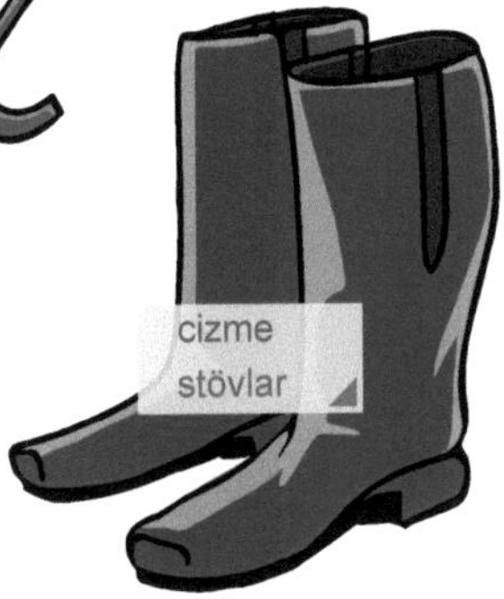

cizme
stövlar

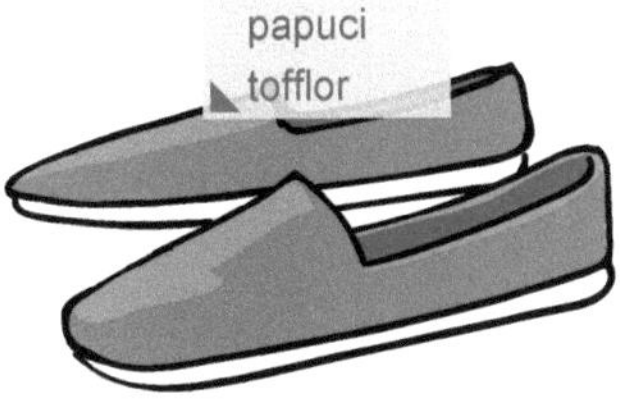

papuci
tofflor

sandale
sandaler
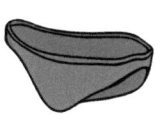

încălţăminte
skor

cizme de cauciuc
gummistövlar
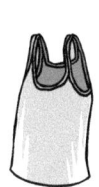

chilot
underbyxor

sutien
BH

maiou
linne

body
body

pantaloni
byxor

blugi
jeans

fustă
kjol

bluză
blus

cămașă
skjorta

pulover
pullover

jerseu
sweater

sacou
blazer

jachetă
jacka

palton
kappa

pelerină de ploaie
regnjacka

costum
dräkt

rochie
klänning

rochie de mireasă
bröllopsklänning

costum

kostym

cămașă de noapte

nattlinne

pijama

pyjamas

sari

sari

batic

slöja

turban

turban

burka

burka

caftan

kaftan

abaya

abaya

costum de baie

baddräkt

șort

badbyxor

pantaloni scurți

shorts

trening

träningsoverall

șorț

förkläde

mănuși

handskar

nasture

knapp

ochelari

glasögon

brățară

armband

lanț

halsband

inel

ring

cercel

örhänge

căciulă

mössa

umeraș

galge

pălărie

hatt

cravată

slips

fermoar

dragkedja

cască

hjälm

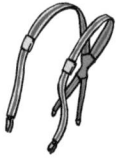

bretele

hängslen

uniformă școlară

skoluniform

uniformă

uniform

bavețică
....
haklapp

suzetă
....
napp

scutec
....
blöja

birou
kontor

server
server

dulap de acte
dokumentskåp

imprimantă
skrivare

hârtie
papper

monitor
bildskärm

masă de birou
skrivbord

mouse
mus

fișier
mapp

tastatură
tangentbord

coș de gunoi
papperskorg

computer
dator

scaun
stol

ceașcă de cafea
....
kaffemugg

calculator
....
miniräknare

internet
....
internet

laptop

bärbar dator

scrisoare

brev

mesaj

meddelande

telefon mobil

mobiltelefon

reţea

nätverk

copiator

kopieringsapparat

software

programvara

telefon

telefon

priză

vägguttag

fax

fax

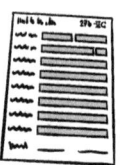

formular

blankett

document

dokument

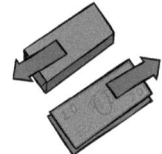

a cumpăra

köpa

a plăti

betala

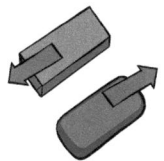

a face comerț

handla

bani

pengar

USD

Dolar

dollar

EUR

Euro

euro

JPY

Yen

yen

RUB

Rublă

rubel

CHF

Franc Elvețian

schweizisk franc

CNY

renminbi yuan

renminbi yan

INR

Rupie

rupie

bancomat

bankomat

casă de schimb valutar

växelkontor

aur

guld

argint

silver

petrol

olja

energie

energi

preț

pris

contract

kontrakt

impozit

skatt

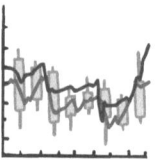

acțiune

aktie

a munci

arbeta

angajat

anställd

angajator

arbetsgivare

fabrică

fabrik

magazin

affär

ocupații
yrken

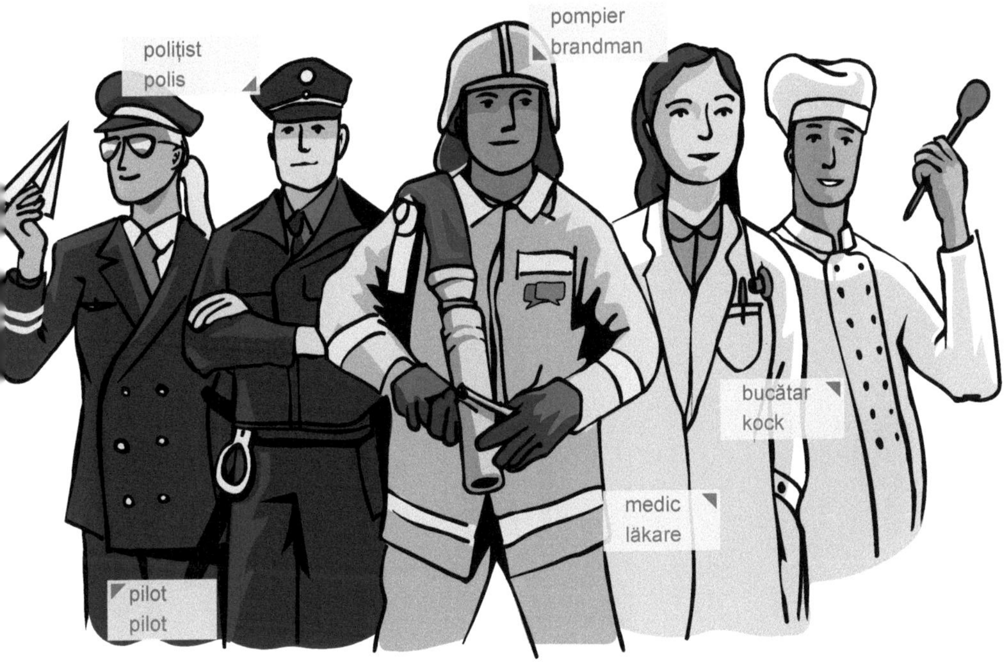

polițist
polis
pompier
brandman
bucătar
kock
medic
läkare
pilot
pilot

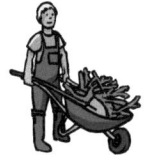

grădinar

trädgårdsmästare

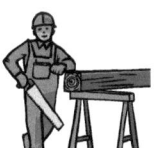

tâmplar

snickare

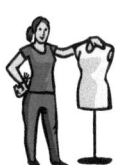

cusătoreasă

sömmerska

judecător

domare

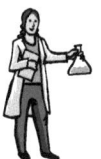

chimist

kemist

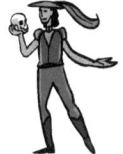

actor

skådespelare

șofer de autobuz

busschaufför

șofer de taxi

taxichaufför

pescar

fiskare

femeie de serviciu

städerska

tinichigiu

takläggare

chelnăr

servitör

vânător

jägare

pictor

målare

brutar

bagare

electrician

elektriker

muncitor în construcții

byggarbetare

inginer

ingenjör

măcelar

slaktare

instalator

rörmokare

poștaș

brevbärare

soldat

soldat

arhitect

arkitekt

casier

kassör

florar

florist

frizer

frisör

controlor

konduktör

mecanic

mekaniker

căpitan

kapten

stomatolog

tandläkare

om de știință

vetenskapsman

rabin

rabbin

imam

imam

călugăr

munk

preot

präst

instrumente
verktyg

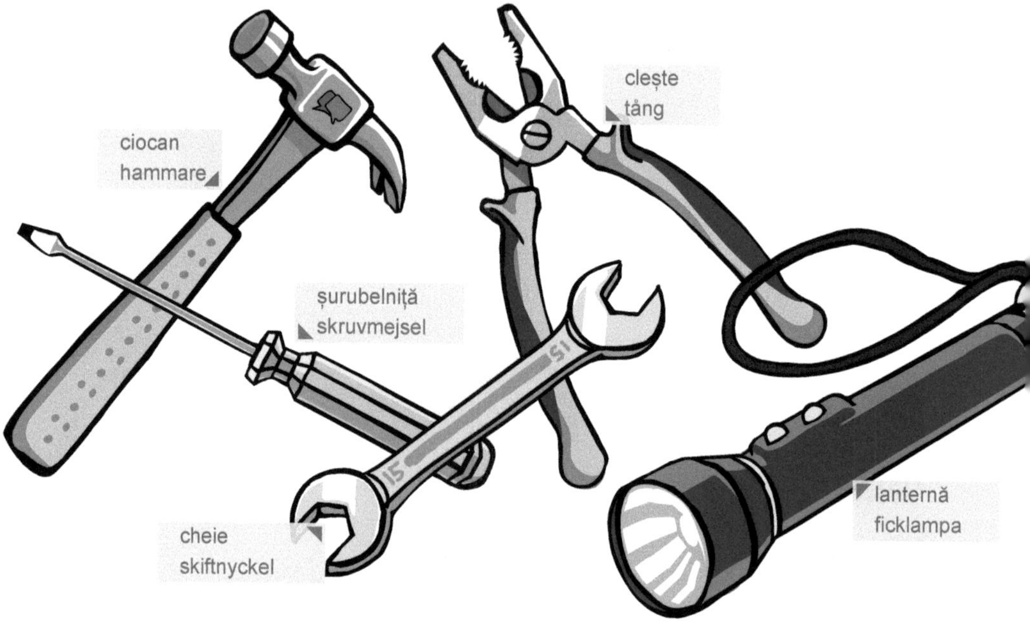

ciocan
hammare
clește
tång
șurubelniță
skruvmejsel
cheie
skiftnyckel
lanternă
ficklampa

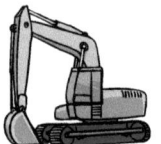

excavator

grävmaskin

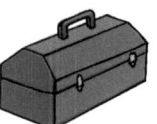

cutie de scule

verktygslåda

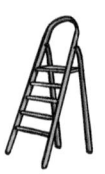

scară

stege

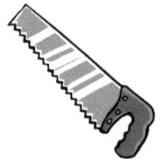

ferăstrău

såg

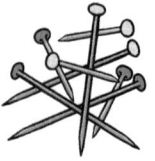

cuie

spik

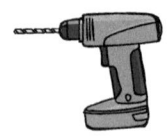

burghiu

borr

a repara
reparera

lopată
spade

La naiba!
Helvete!

făraș
sopskyffel

vas pentru vopsea
färgburk

șuruburi
skruvar

instrumente muzicale
musikinstrument

difuzor
högtalare

set tobe
trummor

chitară
gitarr

contrabas
kontrabas

trompetă
trumpet

pian

piano

vioară

violin

bas

bas

trombon

timpani

tobă

trumma

keyboard

keyboard

saxofon

saxofon

fluier

flöjt

microfon

mikrofon

grădină zoologică

zoo

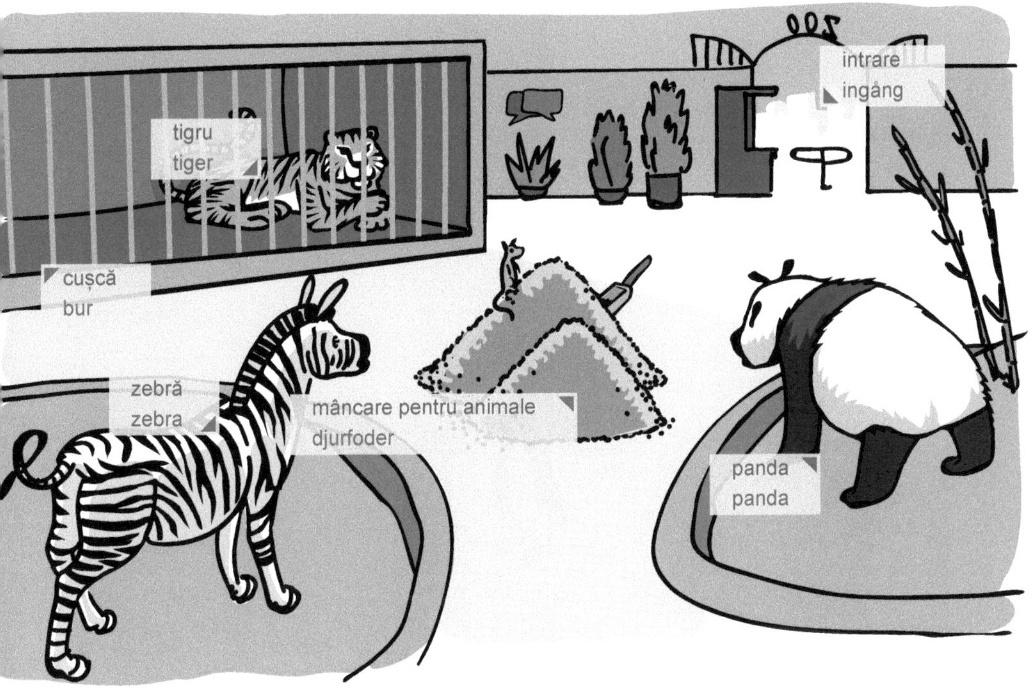
intrare
ingång
tigru
tiger
cușcă
bur
zebră
zebra
mâncare pentru animale
djurfoder
panda
panda

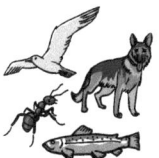

animale
djur

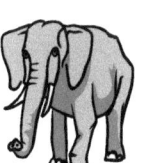

elefant
elefant

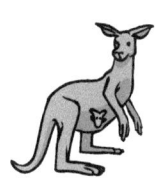

cangur
känguru

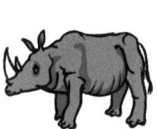

rinocer
noshörning

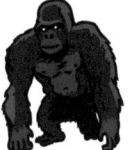

gorilă
gorilla

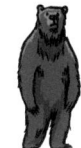

urs
björn

cămilă
kamel

struț
struts

leu
lejon

maimuță
apa

flamingo
flamingo

papagal
papegoja

urs polar
isbjörn

pinguin
pingvin

rechin
haj

păun
påfågel

șarpe
orm

crocodil
krokodil

îngrijitor grădina zoologică
djurskötare

focă
säl

jaguar
jaguar

ponei

ponny

leopard

leopard

hipopotam

flodhäst

girafă

giraff

acvilă

örn

porc mistreț

vildsvin

pește

fisk

broască țestoasă

sköldpadda

morsă

valross

vulpe

räv

gazelă

gazell

fotbal american
amerikansk fotboll

ciclism
cykling

tenis
tennis

basketball
basket

înot
simning

box
boxning

hockey pe gheață
ishockey

fotbal
fotboll

badminton
badminton

atletism
friidrott

handbal
handboll

schi
skidåkning

polo
polo

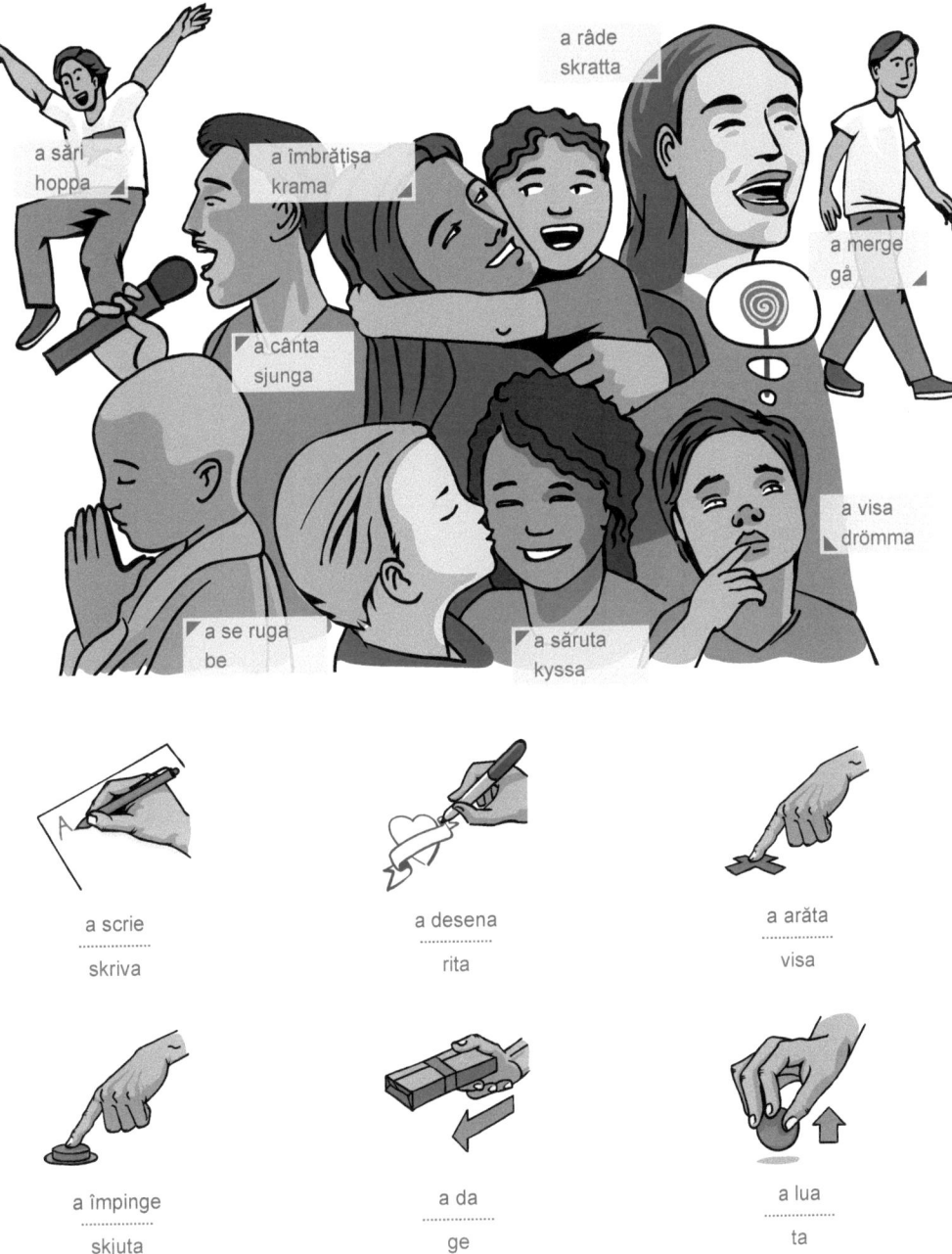

a râde
skratta

a sări
hoppa

a îmbrățișa
krama

a merge
gå

a cânta
sjunga

a visa
drömma

a se ruga
be

a săruta
kyssa

a scrie
skriva

a desena
rita

a arăta
visa

a împinge
skjuta

a da
ge

a lua
ta

a avea
hagel

a face
göra

a fi
vara

a sta în picioare
stå

a fugi
springa

a trage
dra

a arunca
kasta

a cădea
falla

a sta întins
ligga

a aștepta
vänta

a purta
bära

a ședea
sitta

a se îmbrăca
klä på

a dormi
sova

a se trezi
vakna

a privi

se på

a plânge

gråta

a mângâia

smeka

a se pieptăna

kamma

a vorbi

prata

a înțelege

förstå

a întreba

fråga

a asculta

höra

a bea

dricka

a mânca

äta

a face ordine

städa

a iubi

älska

a găti

laga mat

a conduce

köra

a zbura

flyga

a naviga

segla

a calcula

räkna

a citi

läsa

a învăţa

lära sig

a munci

arbeta

a se căsători

gifta sig

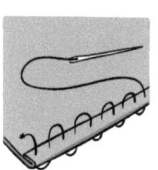

a coase

sy

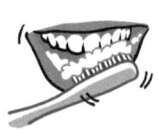

a se spăla pe dinţi

borsta tänderna

a ucide

döda

a fuma

röka

a trimite

skicka

familie

familj

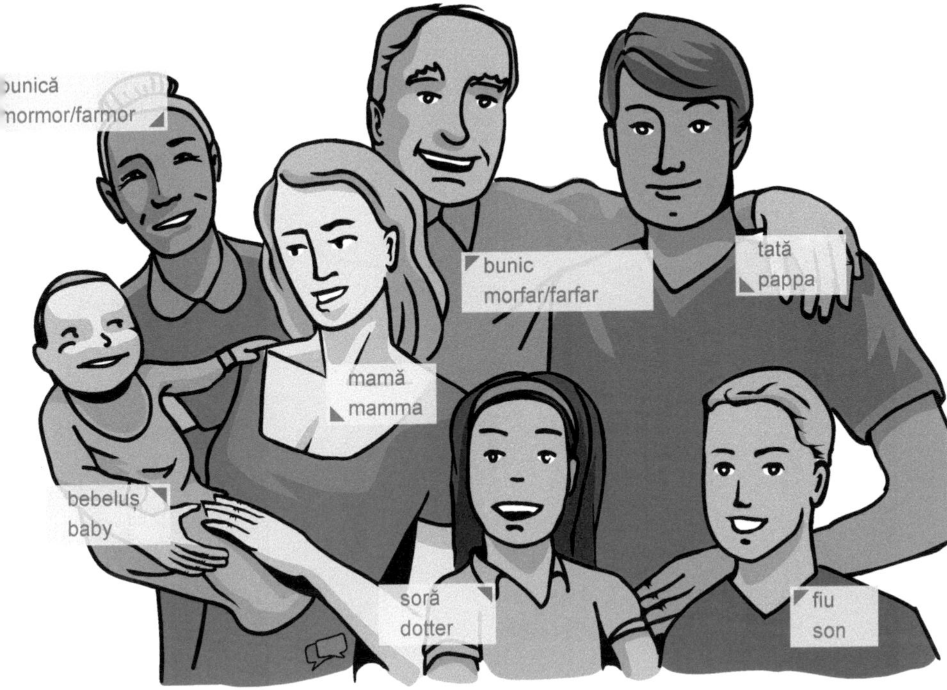

unică
ormor/farmor
bunic
morfar/farfar
tată
pappa
mamă
mamma
bebeluș
baby
soră
dotter
fiu
son

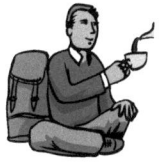

oaspete

gäst

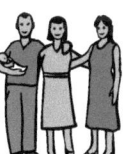

mătușă

moster/faster

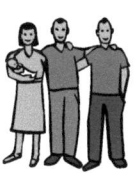

unchi

farbror/morbror

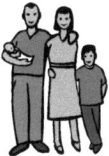

frate

bror

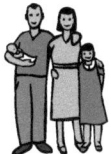

soră

syster

corp
kropp

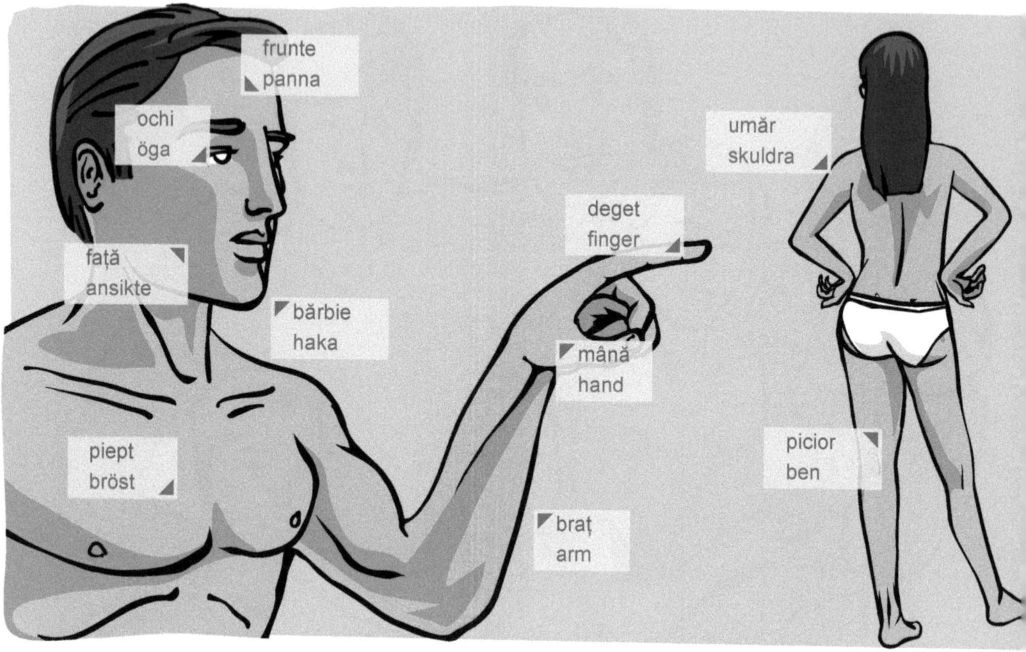

frunte
panna
ochi
öga
umăr
skuldra
deget
finger
față
ansikte
bărbie
haka
mână
hand
piept
bröst
picior
ben
braț
arm

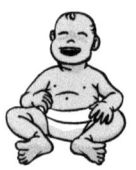

bebeluș
baby

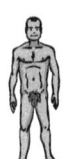

bărbat
man

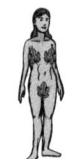

femeie
kvinna

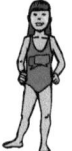

fată
flicka

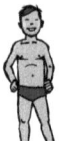

băiat
pojke

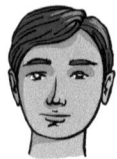

cap
huvud

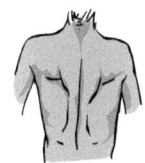

spate
rygg

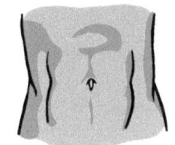

abdomen
mage

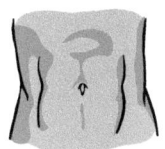

ombilic
navel

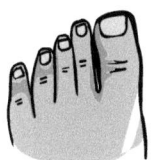

deget de la picior
tå

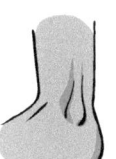

călcâi
häl

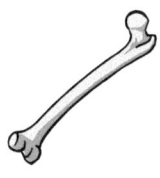

os
ben

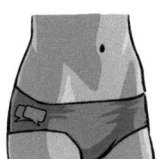

şold
höft

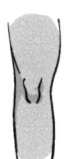

genunchi
knä

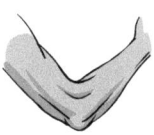

cot
armbåge

nas
näsa

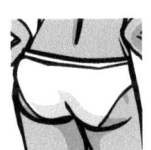

fund
stjärt

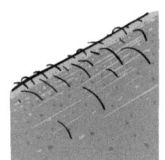

piele
hud

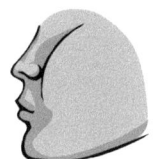

obraz
kind

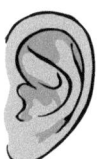

ureche
öra

buză
läpp

gură
mun

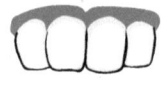

dinte
tand

limbă
tunga

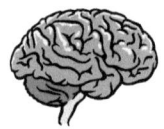

creier
hjärna

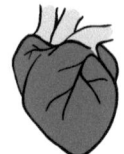

inimă
hjärta

muşchi
muskel

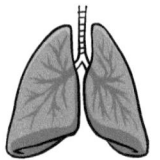

plămân
lunga

ficat
lever

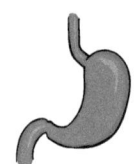

stomac
magsäck

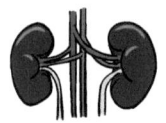

rinichi
njurar

sex
sex

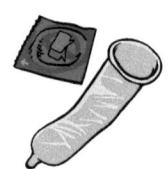

prezervativ
kondom

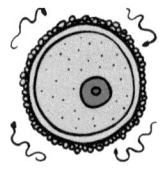

ovul
äggcell

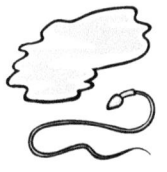

spermă
sperma

sarcină
graviditet

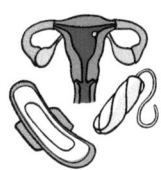

menstruație
menstruation

vagin
vagina

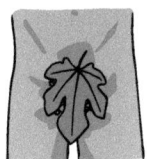

penis
penis

sprânceană
ögonbryn

păr
hår

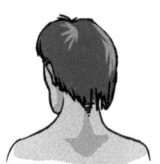

gât
nacke

spital
sjukhus

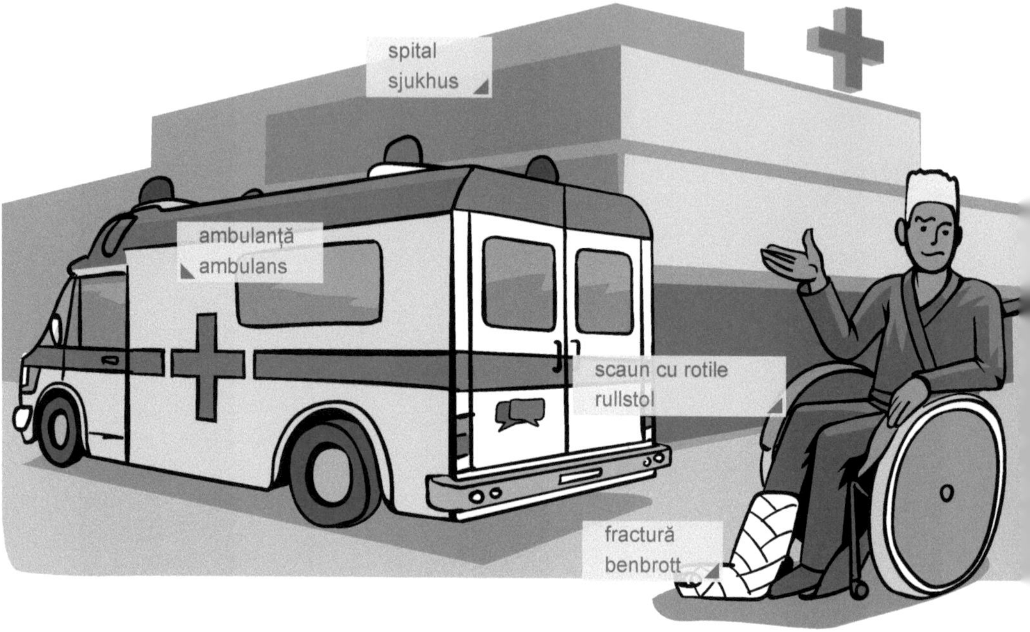

spital
sjukhus
ambulanță
ambulans
scaun cu rotile
rullstol
fractură
benbrott

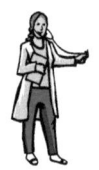

medic

läkare

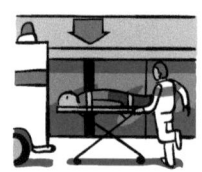

unitate de primiri urgențe

akutmottagning

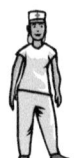

soră medicală

sjuksköterska

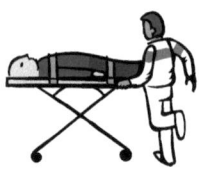

urgență

nödsituation

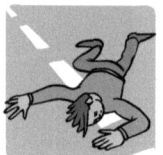

inconștient

medvetslös

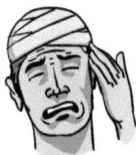

durere

smärta

leziune

skada

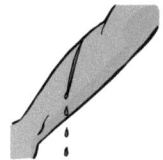

sângerare

blödning

infarct miocardic

hjärtattack

atac cerebral

slaganfall

alergie

allergi

tuse

hosta

febră

feber

gripă

influensa

diaree

diarré

durere de cap

huvudvärk

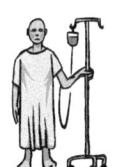

cancer

cancer

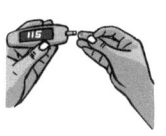

diabet

diabetes

chirurg

kirurg

scalpel

skalpell

operație

operation

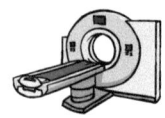

CT

CT

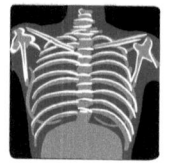

raze Röntgen

röntgen

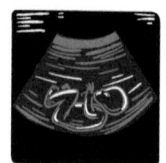

ultrasunet

ultraljud

mască

ansiktsmask

boală

sjukdom

sală de așteptare

väntsal

cârjă

krycka

plasture

plåster

bandaj

bandage

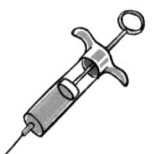

injecție

injektion

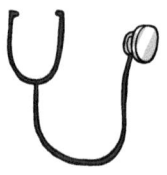

stetoscop

stetoskop

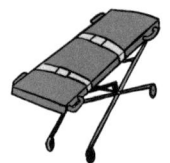

targă

bår

termometru

termometer

naștere

födsel

supraponderabilitate

övervikt

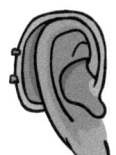

aparat auditiv

hörapparat

dezinfectant

desinfektionsmedel

infecție

infektion

virus

virus

HIV/SIDA

HIV / AIDS

medicină

medicin

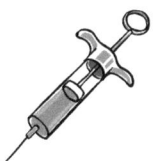

vaccin

vaccination

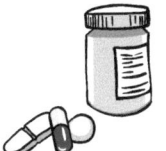

tablete

tabletter

pastilă

p-piller

apel de urgență

nödsamtal

aparat de măsurare a
presiunii arteriale

blodtrycksmätare

bolnav/sănătos

sjuk / frisk

Ajutor!

Hjälp!

alarmă

alarm

agresiune

överfall

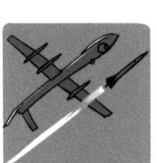

atac

misshandel

pericol

fara

ieșire de urgență

nödutgång

Foc!

Det brinner!

extinctor

brandsläckare

accident

olycka

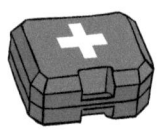

trusă de prim-ajutor

förbandslåda

SOS

SOS

poliție

polis

Europa

Europa

America de Nord

Nordamerika

America de Sud

Sydamerika

Africa

Afrika

Asia

Asien

Australia

Australien

Altantic

Atlanten

Pacific

Stilla Havet

Oceanul Indian

Indiska Oceanen

Oceanul Antarctic

Antarktiska Oceanen

Oceanul Arctic

Arktiska Oceanen

Polul Nord

Nordpol

Polul Sud

Sydpol

Antarctica

Antarktis

pământ

Jorden

țară

land

mare

hav

insulă

ö

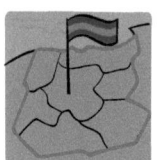

națiune

nation

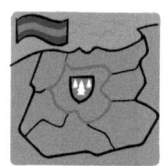

stat

stat

cadran

urtavla

orar

timvisare

minutar

minutvisare

secundar

sekundvisare

Cât e ceasul?

Vad är klockan?

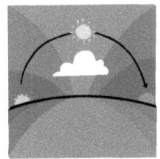

zi

dag

timp

tid

acum

nu

cead digital

digital klocka

minut

minut

oră

timme

săptămână
vecka

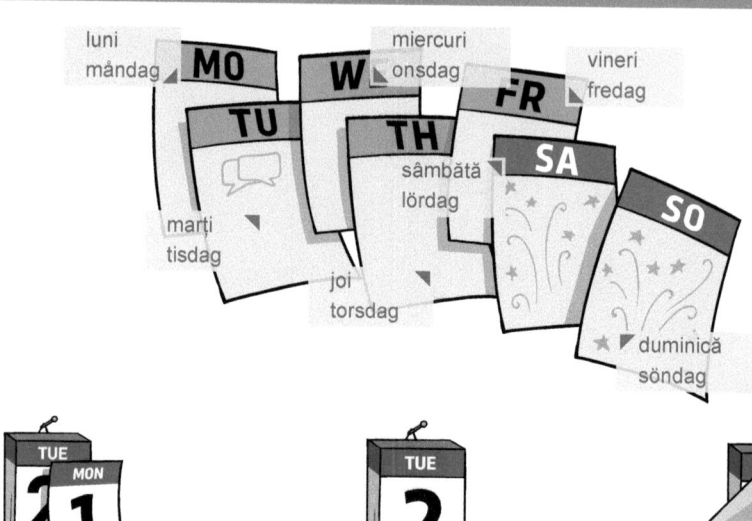

luni / måndag
marți / tisdag
miercuri / onsdag
joi / torsdag
vineri / fredag
sâmbătă / lördag
duminică / söndag

ieri
....
igår

azi
....
idag

mâine
....
imorgon

dimineață
....
morgon

amiază
....
middag

seară
....
kväll

zile lucrătoare
....
vardagar

week-end
....
helg

an
år

ploaie
regn
curcubeu
regnbåge
vânt
vind
zăpadă
snö
primăvară
vår
toamnă
höst
vară
sommar
iarnă
vinter

4.APRIL 11°
5.APRIL 4°
6.APRIL 13°
7.APRIL 8°
8.APRIL 10°

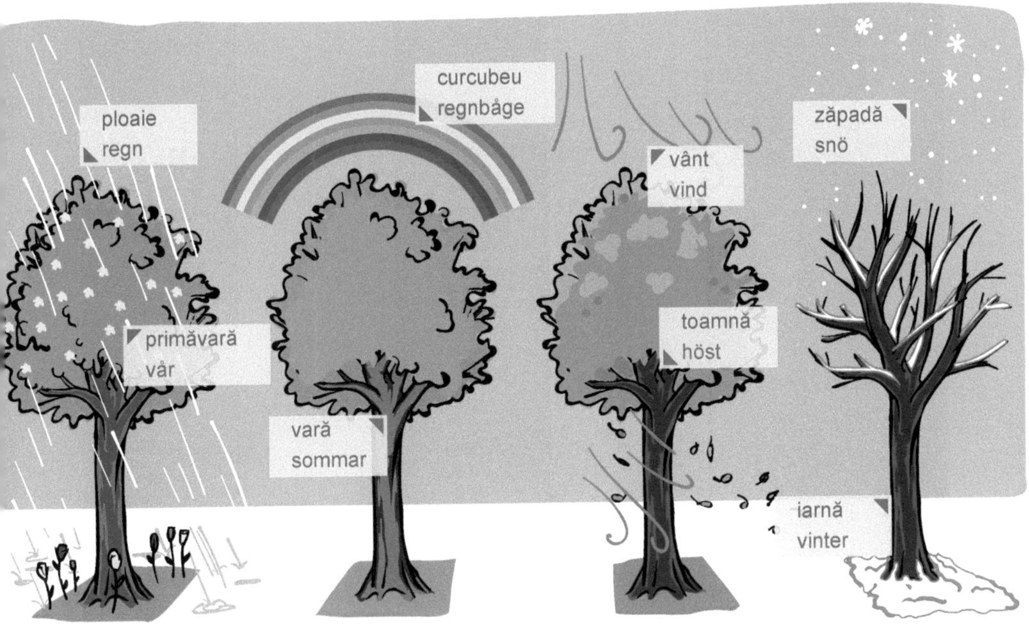

prognoză meteo

väderprognos

F
C
120
90
60
30
0
-30
40
30
20
10
0
-10
-20

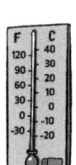

termometru

termometer

lumina soarelui

solsken

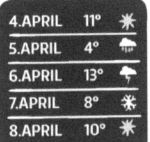

nor

moln

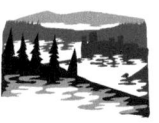

ceață

dimma

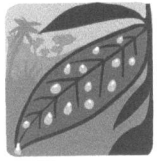

umiditate a aerului

luftfuktighet

fulger

blixt

tunet

åska

furtună

storm

grindină

hagel

muson

monsun

inundație

översvämning

gheață

is

ianuarie

januari

februarie

februari

martie

mars

aprilie

april

mai

maj

iunie

juni

iulie

juli

august

augusti

septembrie
....
september

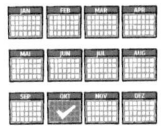

octombrie
....
oktober

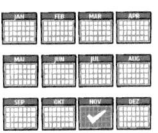

noiembrie
....
november

decembrie
....
december

forme
former

cerc
....
cirkel

pătrat
....
kvadrat

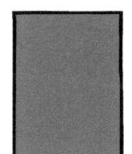

dreptunghi
....
rektangel

triunghi
....
triangel

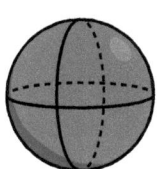

sferă
....
sfär

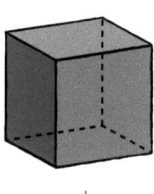

cub
....
kub

alb
....
vit

galben
....
gul

portocaliu
....
orange

roz
....
rosa

roșu
....
röd

violet
....
lila

albastru
....
blå

verde
....
grön

maro
....
brun

gri
....
grå

negru
....
svart

mult/puțin

mycket / lite

furios/calm

arg / lugn

frumos/urât

vacker / ful

început/sfârșit

början / slut

mare/mic

stor / liten

luminos/întunecat

ljus / mörk

frate/soră

bror / syster

curat/murdar

ren / smutsig

complet/incomplet

komplett / ofullständig

zi/noapte

dag / natt

mort/viu

död / levande

lat/strâmt

bred / smal

comestibil/necomestibil

ätlig / oätlig

rău/prietenos

ond / god

emoționat/plictisit

upphetsad / uttråkad

gras/slab

tjock / smal

primul/ultimul

först / sist

prieten/inamic

vän / fiende

plin/gol

full / tom

tare/moale

hård / mjuk

greu/ușor

tung / lätt

foame/sete

hunger / törst

bolnav/sănătos

sjuk / frisk

ilegal/legal

olaglig / laglig

inteligent/stupid

intelligent / dum

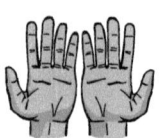

stânga/dreapta

vänster / höger

aproape/departe

nära / långt bort

nou/uzat

ny / begagnad

nimic/ceva

inget / något

bătrân/tânăr

gammal / ung

pornit/oprit

på / av

deschis/închis

öppen / stängd

încet/tare

tyst / högljudd

bogat/sărac

rik / fattig

corect/fals

rätt / fel

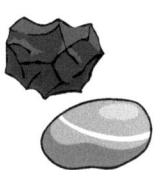

aspru/neted

grov / slät

trist/fericit

ledsen / glad

lung/scurt

kort / lång

încet/repede

långsam / snabb

ud/uscat

våt / torr

cald/rece

varm / sval

război/pace

krig / fred

antonime - motsatser

87

0	**1**	**2**
zero	unu	doi
noll	ett	två

3	**4**	**5**
trei	patru	cinci
tre	fyra	fem

6	**7**	**8**
șase	șapte	opt
sex	sju	åtta

9	**10**	**11**
nouă	zece	unsprezece
nio	tio	elva

12

douăsprezece

tolv

13

treisprezece

tretton

14

paisprezece

fjorton

15

cincisprezece

femton

16

șaisprezece

sexton

17

șaptesprezece

sjutton

18

optsprezece

arton

19

nouăsprezece

nitton

20

douăzeci

tjugo

100

o sută

hundra

1.000

o mie

tusen

1.000.000

un milion

miljon

engleză
engelska

engleză americană
amerikansk engelska

chineza mandarină
kinesisk mandarin

hindi
hindi

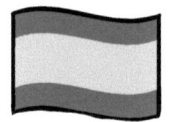

spaniolă
spanska

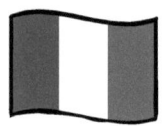

franceză
franska

arabă
arabiska

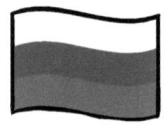

rusă
ryska

protugheză
portugisiska

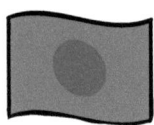

bengaleză
bengali

germană
tyska

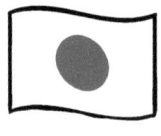

japoneză
japanska

eu

jag

tu

du

el/ea

han / hon / den (det)

noi

vi

voi

ni

ea

de

cine?

vem?

ce?

vad?

cum?

hur?

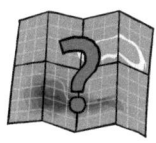

unde?

var?

când?

när?

nume

namn

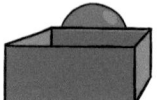

în spate

bakom

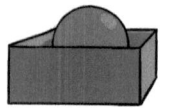

în

i

înainte

framför

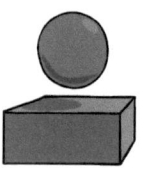

peste

över

pe

på

sub

under

lângă

bredvid

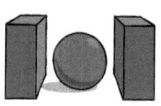

între

mellan

loc

plats